na Muhammad

Sylvie Lainé

Vol 747 pour Paris

Two Easy French Stories
with english glossaries

Easy French Reader Series for Beginners

Other easy stories by Sylvie Lainé :

Le Pendentif, ISBN : 9782370610126
*Le Pendentif, **Past tense**, ISBN : 9782370610164*
Voyage en France, ISBN : 9782370610072
Voyage à Marseille, ISBN : 9782370610201
French Easy Stories, 10 Topics from Everyday Life, ISBN : 9782370610348

Unabridged version
Dépôt légal : novembre 2015
Cover illustration : © Ralf Altrieth

Éditions Le Français C'est Facile
Contact : editions.lfcf@gmail.com

ISBN : 9782370610355

Contents

Vol 747......7

Émilie......33

Vocabulaire......51

Vol 747 pour Paris

LE PILOTE. Veuillez° attacher° vos ceintures° et éteindre° vos téléphones portables. Mesdames et messieurs, bienvenue sur ce vol Air France, à destination de Paris, aéroport Charles De Gaulle. Le vol° durera° environ six heures et quinze minutes…

veuillez : please (imperative form of vouloir, polite)
attacher : to fasten
ceinture (f.) : belt
éteindre : to turn off
vol (m.) : flight
durer : to last (here : future tense)

LA DAME. Je ne suis pas très rassurée°. J'ai toujours un peu peur° dans les avions.

LE MONSIEUR. Ne vous inquiétez° pas. Les accidents sont rares. Et puis, la seule° chose vraiment grave° qui puisse° vous arriver° est de tomber° dans l'Atlantique, n'est-ce pas° ? Ah ! Ah !

rassuré : reassured
avoir peur : to be afraid
ne vous inquiétez pas : don't worry (formal)
le seul (m.), la seule (f.) : the only
grave : serious
qui puisse : subjunctive form of pouvoir
arriver à qqn : to happen to sb
tomber : to fall (down)
n'est-ce pas ? : isn't it ?

LA DAME. Ah ! Euh... Oui. Justement°. C'est justement ce qui me fait peur°.

justement : precisely
faire peur : to frighten

LE MONSIEUR. Pourtant°, il n'y a aucune raison° d'avoir peur. Comparée aux multiples risques de la vie quotidienne°, la probabilité de tomber dans l'océan est très faible°. Regardez, par exemple, les accidents de la route, les accidents domestiques... Ils sont beaucoup plus fréquents. Votre cheminée° peut prendre feu°, votre bouteille de gaz peut exploser°, un ivrogne° peut griller° un feu rouge et vous écraser°, vous pouvez manger un champignon vénéneux°, un pot de fleurs peut vous tomber sur la tête... Dans l'avion, au moins, tous ces risques sont nuls°. Tranquillement assis dans cet avion, qu'est-ce qui peut nous arriver° ?

pourtant : however, yet
raison (f.) : reason
la vie (f.) quotidienne : everyday life
faible : weak ; (here :) small, low
cheminée (f.) : chimney
prendre feu : to catch fire
exploser : to explode
ivrogne (m.) : drunkard
griller un feu rouge : to go through a red light
écraser : to run over
vénéneux : poisonous
nul : nil, nonexistent
arriver à qn : to happen to sb, to occur to sb

LA DAME. Oui, vous avez sans doute° raison°. C'est vrai. Il n'y a aucune raison d'avoir peur.

LE MONSIEUR. Sans compter toutes les maladies° : cancer, infarctus°, anévrismes°, streptocoques, virus et bactéries... La vie présente tellement° de dangers. Alors, un de plus ou de moins...

LA DAME. Merci ! Vous me rassurez totalement...

sans doute : probably

avoir raison : to be right
maladie (f.) : disease
infarctus (m.) : heart attack
anévrisme (m.) : aneurysm
tellement de : so many

LE MONSIEUR. Vous ne prenez pas l'avion souvent, apparemment...
LA DAME. Non, c'est assez° rare. La dernière fois, c'était en soixante-dix-neuf°. J'accompagnais mon mari à un séminaire° à Toronto. Et maintenant, cette année. Alors, vous voyez, je n'ai pas l'habitude°.
LE MONSIEUR. Vous rentrez chez vous, en France ?

assez : rather
en soixante-dix-neuf : (79, 1979) in '79
séminaire (m.) : seminar
avoir l'habitude (f.) : to be used to

LA DAME. Oui. Je suis allée voir° ma fille aux États-Unis. Elle habite là-bas°. Oh ! Je suis tellement fière° !
LE MONSIEUR. Ah, oui ? Et qu'est-ce qu'elle fait ?
LA DAME. Elle est rédactrice° en chef d'un magazine de mode° à Washington. Oh ! Je suis si fière ! Elle a réussi quelque chose dans sa vie. Ce n'est pas comme moi, sa pauvre° mère, qui n'a jamais eu d'ambition...

aller voir qqn : to visit sb
là-bas : over there
fier (m.), fière (f.) : proud
rédacteur (m.), rédactrice (f.) : editor
mode (f.) : fashion
pauvre : poor

LE MONSIEUR. Ah ! L'ambition, c'est le plus important. Rêver°, c'est bien joli. Réaliser, c'est mieux ! À quoi servent° les rêves s'ils ne peuvent pas être réalisés, n'est-ce pas ?

rêver : to dream
servir à : to be used for, to serve a purpose

LA DAME. C'est vrai…
LE MONSIEUR. Et pour réaliser, il faut de l'ambition. L'ambition est la plus grande qualité humaine. Moi qui suis chef° d'entreprise, madame, je sais de quoi je parle. Être ambitieux, c'est voir les choses en grand.

chef (m.) d'entreprise : company manager

LA DAME. Oh ! Ma fille ne manque° pas d'ambition. Je lui fais confiance°. Mais l'ambition toute seule peut conduire° à toutes sortes de résultats indésirables, nuisibles° à l'humanité, vous ne trouvez pas ? Je pense qu'il faut aussi d'autres qualités, comme, par exemple, un sentiment d'éthique°, le respect…

manquer de qch : to be short of sth
faire confiance (f.) à qqn : to trust sb
conduire à : to lead to
nuisible à : harmful, damaging to
éthique (f.) : ethics

LE MONSIEUR. Ah, ça ! Madame, vous avez touché le fond° du problème. Les tiques°, les tiques ! Vous avez absolument raison. Et je pèse° mes mots. En tant° que dirigeant° de quarante-huit entreprises dispersées° dans cent trente-deux° pays du monde, je sais de quoi je parle. Les nuisibles, ça me connaît. Les tiques ! Un des problèmes majeurs de notre société…

fond (m.) : bottom ; (here :) root, heart
tique (f.) : tick (insect)
peser ses mots : to weigh one's words
en tant que : as
dirigeant (m.) : manager
dispersé : scattered
cent trente-deux : 132

LA DAME. Je suis heureuse de vous l'entendre dire.
LE MONSIEUR. Développer des nouveaux produits, ciblés° sur les nuisibles°, améliorer° la vie des gens… C'est un défi° qui m'occupe° en permanence.

LA DAME. Quarante-huit entreprises, je suis vraiment impressionnée. Comment faites-vous ?

ciblé : targeted
nuisible (m.) : pest (parasite)
améliorer : to ameliorate, to improve
défi (m.) : challenge
occuper : to occupy

LE MONSIEUR. Ce n'est pas toujours évident. Je dois être partout° à la fois°. Mais heureusement, j'ai de bons collaborateurs°. Tout est question d'organisation. Une bonne organisation est la clé de la réussite.
LA DAME. Cela doit être vraiment difficile.
LE MONSIEUR. Le travail ne me fait pas peur°.

partout : everywhere
à la fois : at once
collaborateur (m.) : partner, associate
faire peur à qqn : to frighten sb

LA DAME. Oh ! Nous venons° de décoller°. Ouh-la-la ! Comme ça va vite !... J'ai l'impression d'avoir laissé toutes mes entrailles° au sol°... Regardez les autos, les routes, les maisons, tout est déjà si petit !

venir de + inf. : to have just
décoller : to take off
entrailles (f. pl.) : entrails, innards
sol (m.) : ground

LE MONSIEUR. N'ayez pas peur, madame. Je suis là. Vous pouvez être tranquille. Tenez° mon bras°, si cela peut vous rassurer... (*Pendant quelques minutes, la dame regarde par le hublot° sans parler.*)

tenir : to hold (here imperative form, polite)
bras (m.) : arm
hublot (m.) : porthole, window (in plane)

LE MONSIEUR. *(Il se parle à lui-même, rêveur°, la main° de la dame posée sur son bras.)* J'aime les défis. J'ai toujours besoin de nouveaux défis, d'obstacles à surmonter°... *(Un steward distribue des cartes de menu.)* Mais voilà qu'on nous apporte° le menu... Voyons... Cannellonis au bœuf et à la tomate... Pizza végétarienne... C'est la journée des plats italiens, on dirait°.

rêveur : dreamy
main (f.) : hand
surmonter : to overcome
apporter : to bring
on dirait : one might say (conditional form of dire)

LA DAME. Malheureusement°, tout ce qui contient de la farine° est un peu lourd° pour moi. Je dois faire attention.

LE MONSIEUR. Ah ! J'ai un appétit de lion. Je pourrais° dévorer° un bœuf°.

LA DAME. Eh bien moi, c'est plutôt° le contraire. Mon mari dit que j'ai un appétit d'oiseau°.

(Une hôtesse approche° avec un chariot° de boissons.)

L'HÔTESSE. Messieurs-dames, est-ce que vous désirez boire quelque-chose ?

malheureusement : unfortunately
farine (f.) : flour
lourd : heavy
je pourrais : I could (conditional form of pouvoir)
dévorer : to devour, to eat up
bœuf (m.) : bullock, ox
plutôt : rather
avoir un appétit d'oiseau : to eat like a bird
approcher : to come near, to get nearer
chariot (m.) : cart, wagon

LE MONSIEUR. *(À la dame :)* Qu'est-ce que vous buvez, chère madame ? Si ce n'était pas déjà gratuit°, je vous offrirais° un verre. Ah ! Ah !

LA DAME. Oh, oh ! Hé, hé !... Vous êtes drôle°. Un verre d'eau me suffit°, merci.

LE MONSIEUR. Je crois que je vais prendre un champagne… *(À l'hôtesse :)* Un verre de champagne, merci. Et un verre d'eau pour madame. *(L'hôtesse sert° un verre d'eau, et il donne le verre à la dame :)* Voilà… Tenez°… Vous êtes sûre que vous ne voulez pas un jus de fruit aussi ?

gratuit : free
j'offrirais : I would offer (conditional form of offrir)
drôle : funny
suffire : to be enough
servir : to serve
tenez ! : here you are (imperative form of tenir -to hold-, polite)

LA DAME. Non, merci. Ça ira°. Les jus sont malheureusement trop acides pour mon estomac fragile.
LE MONSIEUR. Prenez du vin rouge. C'est bon pour les… Comment dit-on, déjà ? Les anxiogènes°, n'est-ce pas ?

ça ira : that will be fine
anxiogène (m.) : anxiogenic

LA DAME. Les antioxydants° ? Oui, mais je ne bois pas d'alcool. Quand je bois du vin, la tête me tourne°, c'est terrible.

antioxydant (m.) : antioxidant
la tête me tourne : I feel dizzy

LE MONSIEUR. Vous êtes une petite nature°. Ah ! Ce n'est pas comme moi. Je peux manger et boire à volonté°. Les plaisirs° de la table, j'adore ça. Les plaisirs de la bonne chère°, mais aussi de la bonne… « chair » °… Ah ! Ah !
LA DAME. Vous êtes, comme on dit, un « bon vivant » °.

petite nature (f.) : sensitive person
à volonté : at will ; unlimited, as much as I want
plaisir (m.) : pleasure
la bonne chère (f.) : good food
chair (f.) : flesh
bon vivant (m.) : bon vivant

LE MONSIEUR. Vous savez que j'ai participé à un concours° de mangeurs de camembert ?
LA DAME. Non, vraiment ?
LE MONSIEUR. Et j'ai gagné° ! Huit cent cinquante° grammes de camembert en trois minutes cinquante°.
LA DAME. Oh ! Mon Dieu°…

concours (m.) : competition, contest
gagner : to win
huit cent cinquante : 850
trois minutes cinquante : 3 min. 50 sec.
mon Dieu ! : my Goodness !

LE MONSIEUR. Oui. *(Il se frappe° la poitrine°.)* Vous avez à côté de vous le grand champion des mangeurs de camembert.
LA DAME. Quel honneur ! C'est… admirable. Je ne savais pas que ce genre° de concours existait. Félicitations° !
LE MONSIEUR. Si vous venez chez moi un jour, je vous montrerai° mes trophées°. Comme je vous ai dit, je suis toujours à la recherche de nouveaux défis. Pour le travail comme pour l'amusement. Dès° que je peux, je veux me dépasser°.

frapper : to hit
poitrine (f.) : chest
genre (m.) de : kind, sort, type of
félicitation (f.) : congratulation
montrer : to show
trophée (m.) : trophy
dès que : as soon as
se dépasser : to surpass oneself

LA DAME. C'est admirable… *(Elle ajoute° après un silence :)* Il fait un peu frais. Vous ne trouvez pas que la climatisation° est un peu forte ? On attrape° toujours des rhumes° avec ses systèmes d'aération…

ajouter : to add
climatisation (f.) : air-conditioning
attraper : to catch
rhume (m.) : cold

LE MONSIEUR. Il y a peut-être un bouton° quelque part°. *(Il trafique° les boutons au-dessus de leurs têtes. Puis° il saisit° sa couverture°.)* Tenez, prenez ma couverture.

LA DAME. Oh, non ! Merci... Vous êtes gentil, mais je ne veux pas vous embêter°...

LE MONSIEUR. Taratata... Prenez-la, je n'en ai pas besoin. En vingt ans, jamais je n'ai eu besoin de cet accessoire parfaitement inutile. *(Il pose la couverture sur les genoux° de la dame.)* Tenez, je vous en prie°.

bouton (m.) : button, switch
quelque part : somewhere
trafiquer : to doctor, to fiddle
puis : then
saisir : to grab
couverture (f.) : blanket
embêter : to bother
genou (m.) : knee
prier : to beg
je vous en prie : please (formal)

LA DAME. Merci. Vous êtes bien aimable°. *(Une hôtesse arrive, avec un chariot.)*

L'HÔTESSE. Monsieur, que désirez-vous pour votre dîner ?

LE MONSIEUR. Honneur° aux dames ! *(À la dame :)* Avez-vous choisi, chère madame ?

LA DAME. Je vais prendre la pizza, merci.

aimable : kind
honneur aux dames : ladies first

LE MONSIEUR. *(À l'hôtesse :)* Et pour moi, les cannellonis. *(L'hôtesse sert deux plateaux°, un avec des cannellonis, l'autre avec une pizza.) (À la dame :)* Depuis combien de temps est-ce que votre fille habite aux États-Unis ?

plateau (m.) : tray

LA DAME. Depuis deux ans déjà.

LE MONSIEUR. Vous la voyez de temps en temps ? *(Il fixe le bout° de sa serviette sous son menton°.)*
LA DAME. Pas très souvent. Elle revient à la maison deux fois par an. *(Elle déballe° sa pizza.)*

bout (m.) : end, tip
menton (m.) : chin
déballer : to unpack, to unwrap

LE MONSIEUR. Partir vivre° à l'étranger demande du courage. J'aime les gens courageux.
LA DAME. Oh ! Elle a du courage, ma petite Nathalie. Heureusement, elle n'est pas comme sa mère...
LE MONSIEUR. Ne dites pas cela, voyons°.
LA DAME. J'avais des rêves, des projets... Je n'ai jamais eu le courage de les réaliser. Une vraie poltronne° !

vivre : to live
voyons ! : come on ! (imperative form of voir)
poltron (m.), poltronne (f.) : coward

LE MONSIEUR. Mais pourquoi ? Excusez-moi, cela ne me regarde° pas... Sapristi° ! Ces fourchettes en plastique ne sont vraiment pas pratiques. Ce fichu° instrument de malheur s'est cassé° ! Regardez un peu : la moitié° de ma fourchette est restée plantée° dans un cannelloni.

cela ne me regarde pas : this is nothing to do with me
sapristi ! : heavens !
fichu : rotten, awful
se casser : to break
moitié (f.) : half
rester planté : to be stuck

LA DAME. Vous avez tellement de force°. Ces objets demandent à être maniés° avec délicatesse°. Il vous faut en demander une autre.

force (f.) : strength
manier : to handle, to use

délicatesse (f.) : delicacy

LE MONSIEUR. C'est vrai. Ces ridicules fourchettes en plastique sont beaucoup trop fragiles pour mes grandes mains… Madame, pour revenir° à vos projets, il n'est jamais trop tard° pour réaliser un rêve.

revenir à : to return to, to go back to
trop tard : too late

LA DAME. Oh ! Oh ! À mon âge ? Certainement pas ! Je n'ai jamais été capable de terminer quelque chose. Je commence et j'arrête° avant la fin°. Ce n'est pas aujourd'hui que cela va changer.

LE MONSIEUR. Voyons ! Il n'y a pas de projet irréalisable. De quoi s'agit-il° ? Je peux peut-être vous aider°.

arrêter : to stop
fin (f.) : end
de quoi s'agit-il ? : what is it about ?
aider : to help

LA DAME. Vous êtes gentil, mais vraiment… Eh bien, je voulais ouvrir un salon° de thé dans mon village natal°. Mais la charge administrative était trop lourde. Bref°, j'ai laissé tomber°. Trop de paperasses°. En fait, je ne suis pas assez° courageuse, je suis mal organisée… Je ne sais pas comment vous faites, vous, avec quarante-huit entreprises.

salon (m.) de thé (m.) : tea room, tea house
natal : native
bref : in short
laisser tomber : to give up, to drop
paperasse (f.) : paperwork, papers
assez : enough

LE MONSIEUR. *(À une hôtesse :)* Pardon, je peux avoir une autre fourchette, s'il vous plaît ? *(À la dame :)* L'organisation ! Je vous le disais ! Un maître° mot. Je peux vous donner un conseil° ? Faites une liste de toutes les choses que vous avez à faire. Vous commencez par la plus importante. Quand vous avez effectué° une tâche°, faites la suivante°. L'une après l'autre, systématiquement, toutes les tâches seront° effectuées. C'est là tout le secret. Et n'oubliez° pas... *(L'hôtesse apporte° une nouvelle fourchette.)*

maître (adj.) : main, key
conseil (m.) : (piece of) advice, recommendation
effectuer : to carry out, to complete
tâche (f.) : task, job
suivant : next
seront : will be (future form of être)
oublier : to forget
apporter : to bring

L'HÔTESSE. Voilà, monsieur.
LE MONSIEUR. *(À l'hôtesse :)* Merci. *(À la dame :)* Et n'oubliez pas que chaque° tâche effectuée, même la plus petite, la plus insignifiante°, vous rapproche° de votre but°.
LA DAME. Oui, mais...

chaque : each
insignifiant : unimportant, trivial
rapprocher : to bring closer
but (m.) : aim, goal

LE MONSIEUR. Et votre but, votre BUT, madame... ! C'est comme une montagne° qui se dresse° devant vous. Chaque pas° vous rapproche du sommet°. Ne perdez° pas de vue le sommet de la montagne ! Et un jour, sans vous en° apercevoir°, vous serez° là-haut°.
LA DAME. Oui, vous avez raison. Mais à mon âge, de toute façon°...

montagne (f.) : mountain
se dresser : to arise, to rise
pas (m.) : step
sommet (m.) : summit, top
perdre de vue : to lose sight of

en (pronom) : of it
s'apercevoir de : to notice, to become aware of
vous serez : you will be (future form of être)
là-haut : up there
de toute façon : in any case, anyway

LE MONSIEUR. J'aime cette métaphore de la montagne... Mais... Vous ne mangez pas le fond° de votre pizza ?
LA DAME. Non, j'évite° la farine, qui est un peu lourde pour mon estomac fragile. Je ne mange que les légumes.
LE MONSIEUR. Vous êtes peut-être allergique ?
LA DAME. Non, je ne crois pas. C'est juste un peu lourd, vous savez ce que c'est.

fond (m.) : bottom
éviter : to avoid

LE MONSIEUR. Moi ? Pas du tout° ! Ah ! Ah ! Je n'ai aucun problème de ce côté° !

pas du tout : not at all
de ce côté : on this side

LA DAME. Ah, oui ! J'oubliais. Les camemberts...
LE MONSIEUR. J'avale° tout. Tout passe° comme une lettre à la poste.
LA DAME. Vous avez de la chance°.
LE MONSIEUR. Allez-vous commencer autre chose° ?

avaler : to swallow
passer : to get/go through, to be digested
avoir de la chance : to be lucky
autre chose (f.) : something else

LA DAME. La compote de pomme sera largement° suffisante. Je ne suis pas comme vous, j'ai un appétit d'oiseau.

largement : greatly, by far
largement suffisant : more than enough

LE MONSIEUR. Je veux dire°, avez-vous d'autres projets ?

LA DAME. Oh ! Vous savez, quand on a des enfants et des petits-enfants, on a déjà beaucoup de choses à faire. Je n'ai plus de projets particuliers.

LE MONSIEUR. Vous plaisantez° ! Vous n'êtes pas grand-mère !

vouloir dire : to mean
plaisanter : to joke

LA DAME. Si°, si... Hi, hi !

LE MONSIEUR. Non ! ? Vraiment, je n'aurais° jamais pensé... Vous paraissez° si° jeune... Vous, une grand-mère ?

si (adv.) : yes (used to contradict a negative statement or question)
j'aurais : I would have (conditional form of avoir)
paraître : to seem, to look
si : so

LA DAME. Oh ! Oh ! Vous êtes flatteur°. Oh ! Oh ! J'ai été mère jeune, voilà tout. Quand j'ai épousé° mon mari, j'ai travaillé avec lui dans son cabinet d'optique. Et avec les enfants en plus, je n'ai pas eu le temps de m'occuper° de mon salon de thé. Ah ! Pourtant, je m'y° voyais déjà... Un petit salon coquet°, avec de jolies nappes° sur des jolies tables, des jolis rideaux° aux fenêtres... J'aurais servi le thé et les petits gâteaux sur des plateaux d'argent°. Ah ! Ça m'aurait bien plu°...Et vous, de quoi avez-vous rêvé quand vous étiez plus jeune ?

flatteur : flattering
épouser : to marry
s'occuper de : to deal with, to take charge of
y (pronom) : there
coquet : charming
nappe (f.) : tablecloth
rideau (m.) : curtain
argent (m.) : silver
plaire à qqn : to please, to delight sb (here : passé composé)

LE MONSIEUR. Moi ? Oh !... Euh... Eh bien, j'aime beaucoup les animaux. Je voulais être gardien° dans un zoo.

LA DAME. Oh ! Vraiment ? Comme c'est charmant !

gardien (m.) : caretaker, attendant

LE MONSIEUR. Quand j'étais petit, j'ai assisté° à un spectacle d'otaries°. Ah ! Ah ! Quels animaux extraordinaires ! D'une intelligence ! C'est inouï° ! J'étais absolument fasciné. Tenez ! *(Il porte un doigt° à son œil°.)* Je m'en souviens° encore. J'en ai la larme° à l'œil…

assister à : to attend
otarie (f.) : sea lion
inouï : incredible
doigt (m.) : finger
œil (m. ; pl. : les yeux) : eye
se souvenir de : to remember
larme (f.) : tear

LA DAME. Et cela vous a motivé pour travailler dans un zoo ?
LE MONSIEUR. Oui. Depuis ce jour, j'ai toujours rêvé de devenir gardien de zoo. Et en particulier, un zoo qui protège° les espèces° les plus rares. Car c'est effrayant°, n'est-ce pas, de voir les espèces disparaître°.

protéger : to protect
espèce (f.) : species
effrayant : frightening
disparaître : to die out

LA DAME. Mais vous n'avez pas réalisé ce rêve ? *(L'hôtesse débarrasse° les plateaux.)*
LE MONSIEUR. *(À l'hôtesse :)* Merci. Un café, s'il vous plaît. Je garde° le dessert pour tout à l'heure. *(À la dame :)* Et vous, chère madame ? Qu'est-ce que vous prenez ?

débarrasser : to clear
garder : to keep, to save

LA DAME. Pas de café, merci. Avec le café, mon pauvre cœur° bat° trop vite. Juste une tisane°. *(À l'hôtesse :)* Vous avez du tilleul°-menthe° ?

cœur (m.) : heart
battre : to beat
tisane (f.) : herbal tea
tilleul (m.) : linden
menthe (f.) : mint

L'HÔTESSE. Non, madame. Mais nous avons « verveine° » ou « verveine-menthe ».

LA DAME. Verveine-menthe, alors. Merci.

LE MONSIEUR. *(À la dame :)* Non, je ne suis pas devenu gardien de zoo. Mais j'ai vraiment failli° ! J'ai étudié la biologie, et puis la zoologie. J'ai passé ma maîtrise° et mon doctorat°.

LA DAME. Vous êtes docteur en zoologie ? Oh ! Quel parcours° impressionnant !

verveine (f.) : verbena
faillir : to almost do, to nearly do
maîtrise (f.) : master's degree
doctorat (m.) : doctorate
parcours (m.) : career

LE MONSIEUR. Oui, oui ! J'ai fait un stage° dans une entreprise pendant mes études. Une entreprise spécialisée dans la fabrication d'insecticides°. J'ai travaillé dans la recherche° des produits d'avant-garde. Et... de fil° en aiguille, avec mes relations, les pistons°, etc., j'ai créé ma propre° entreprise, puis° une autre, et une autre, et une autre encore... *(L'hôtesse apporte le café et la tisane.)*

stage (m.) : training period, internship
insecticide (m.) : insecticide
recherche (f.) : research
de fil en aiguille : one thing leading to another
piston (m.) : string pulling
propre : own, proper
puis : then

LA DAME. Mais… Et votre projet initial ? C'est dommage° de ne pas l'avoir réalisé. Je suis sûre que vous auriez° été un merveilleux gardien de zoo.

c'est dommage : that's a pity
vous auriez été : you would have been (past conditional form of être)

LE MONSIEUR. Oui, c'est vrai… Mais la vie l'a voulu autrement°. C'est le chemin qui m'a paru° le plus simple, le plus logique.

LA DAME. Ah, ça ! Et vous qui parlez de courage et d'ambition ! En fait, vous avez choisi la voie° la plus facile !

autrement : otherwise, differently
paraître à qqn : to seem to sb (here : passé composé)
voie (f.) : way, course

LE MONSIEUR. Euh… Eh bien…

LA DAME. Ooooh ! Excusez-moi… Je suis vraiment mal élevée°… Je ne voulais pas vous critiquer, bien sûr°…

mal élevé : ill-mannered, rude
bien sûr : of course

LE MONSIEUR. Non, non ! C'est vrai, vous avez raison. Vous avez parfaitement raison. J'ai assez rapidement perdu de vue°… Et flûte° ! Fichus° engins° de misère ! Maintenant, c'est la cuillère° qui se casse dans la compote de pommes. Regardez ça ! A-t-on idée d'utiliser d'aussi misérables… Excusez-moi… Donc, je disais, oui… J'ai rapidement perdu de vue mon premier but.

perdre de vue : to lose sight of
flûte ! : drat !
fichu : rotten, awful
engin (m.) : device, gadget
cuillère (f.) : spoon

LA DAME. Votre montagne.

LE MONSIEUR. Oui, ma montagne... *(Une hôtesse passe.)* Pardon, madame, une autre cuillère, s'il vous plaît. *(À la dame :)* J'ai perdu de vue ma montagne, et j'ai choisi un chemin plus facile...

LA DAME. Oui, bon... Bon... Ce n'est pas simple, j'imagine, de créer quarante-huit entreprises dans divers pays...

LE MONSIEUR. Cent trente-deux° pays.

LA DAME. Dans cent trente-deux pays. Quand je pense à toute la paperasse que cela représente ! Mazette° ! *(L'hôtesse apporte une cuillère.)*

LE MONSIEUR. *(À l'hôtesse :)* Merci. *(À la dame :)* Ah, oui ! La paperasse, je connais. *(Il reste silencieux, pensif°, quelques instants. Il mange sa compote de pommes, et la dame sirote° sa tisane.)*

cent trente-deux : 132
mazette ! : my goodness !
pensif : thoughtful, thinking
siroter : to sip

LA DAME. *(Elle se redresse° tout à coup° :)* Et les petites bêtes° ?

LE MONSIEUR. Pardon ?

LA DAME. Vous pensez aux petites bêtes ? Avec vos insecticides, toutes ces petites vies° qui disparaissent ainsi°. Pouf° ! ... Je ne suis un modèle pour personne, bien sûr. Mais moi, je suis incapable de faire du mal° à une mouche°.

se redresser : to sit up (straight)
tout à coup : suddenly
bête (f.) : animal, creature
vie (f.) : life
ainsi : in that way
pouf ! : poof !
faire du mal à : to harm, to hurt
mouche (f.) : fly

LE MONSIEUR. Mais moi aussi, madame ! Je suis comme vous, incapable de faire du mal à une mouche. Personnellement, je n'utilise jamais les produits que je fabrique°.

LA DAME. Mais alors, pourquoi... ?

LE MONSIEUR. Je suis parfaitement d'accord° avec vous. J'ai choisi la facilité. *(Il ajoute après un silence :)* Vous m'avez incité° à réfléchir°, je vous en remercie.

fabriquer : to make, to manufacture
être d'accord avec qqn : to agree with sb
inciter qqn à : to encourage sb to
réfléchir : to reflect, to think

LA DAME. Vous disiez tout à l'heure qu'il n'est jamais trop tard pour réaliser un projet. Et à quoi servent les rêves s'ils ne sont pas réalisés ? Allez-y° ! Foncez° ! Devenez gardien de zoo ! Qu'est-ce que vous attendez ?

LE MONSIEUR. Vous avez parfaitement raison ! Je vais y réfléchir sérieusement. *(Il prend une gorgée° de café.)*

allez-y ! : go ahead !
foncez ! : go for it !
gorgée (f.) : mouthful

LA DAME. D'un autre côté… Je suis assez mal placée° pour vous faire la morale°. J'ai moi-même laissé s'écrouler° ma montagne. Quarante-huit entreprises, mazette ! Et je recule° devant une seule.

mal placé pour : ill-placed, not in a position to
faire la morale à qqn : to lecture sb
s'écrouler : to collapse
reculer devant : to shrink from, to step back

LE MONSIEUR. Ne vous excusez pas. J'aime les gens francs° et directs comme vous. Une petite claque° de temps en temps ne fait pas de mal. *(Il continue après un silence, et soudain° plus joyeux° :)* Vous savez, maintenant, je vais au zoo avec mes enfants !

LA DAME. Oh ! Vous avez des enfants ?

franc : frank, open
claque (f.) : slap, smack
soudain : suddenly
joyeux : joyful, happy

LE MONSIEUR. Oui. Enfin… Je ne les vois pas souvent. Je suis divorcé. Mon ex-femme et moi n'habitons même pas° dans le même pays°.

LA DAME. Je suis vraiment désolée pour vous. Ça ne doit pas être facile. Et pour les enfants non plus°, j'imagine.

même pas : not even
pays (m.) : country
non plus : neither

LE MONSIEUR. Non, effectivement°. Mais mon travail m'aide à oublier un peu. Et au moins°, quand je suis avec mes enfants, j'en profite° vraiment.

LA DAME. Vous avez bien raison. *(Ils se taisent pendant quelques minutes. Enfin, elle fait le geste° de se lever°.)* Pardon, monsieur… Est-ce que je peux passer° ? Je dois aller aux toilettes…

LE MONSIEUR. Bien sûr, je vous en prie. *(Il fait aussi le geste de se lever.)*

effectivement : indeed, in fact
au moins : at least
profiter de : to enjoy, to make the most of
geste (m.) : gesture, movement
se lever : to get up, to stand up
passer : to get through

LA DAME. Oh ! Mais… Qu'est-ce que c'est ? Je ne peux pas me lever… Oh ! Ma ceinture°… Je n'ai pas ouvert° ma ceinture. Ah ! Ah ! Quelle tête en l'air° je fais ! Mais… Mais… Sapristi ! Ma ceinture est coincée°… Je… Qu'est-ce qui se passe° ? *(Elle secoue° la boucle° de sa ceinture.)* Au secours° !

ceinture (f.) : belt
ouvrir : to open, to unlock (here : passé composé)
tête (f.) en l'air : scatterbrain
coincé : stuck, jammed
qu'est-ce qui se passe ? : what is the matter ?
secouer : to shake
boucle (f.) : buckle
au secours ! : help !

LE MONSIEUR. Attendez, laissez-moi regarder... Ne vous inquiétez pas. Restons calmes... Oh, c'est très simple, il suffit de soulever° la boucle, là... Et tirez° !... Voilà. *(La ceinture de la dame s'ouvre°.)*
LA DAME. Ah ! Merci, cher monsieur. Vous me sauvez°, hé, hé !

soulever : to lift, to raise
tirer : to pull
s'ouvrir : to open
sauver : to rescue, to save

LE MONSIEUR. Mais je vous en prie, chère madame. C'est un plaisir de vous rendre° service.
(La dame se lève et se dirige vers l'arrière° de l'avion. Elle revient° après quelques minutes. Le monsieur se lève à nouveau° pour la laisser passer.)

rendre service (m.) à qqn : to do sb. a service/favour
arrière (m.) : back, rear
revenir : to come back
à nouveau : again

LE MONSIEUR. Allez-y, chère madame...
LA DAME. Merci, monsieur. Vous êtes bien aimable. *(Elle s'assoit° avec difficulté.)*
LE MONSIEUR. Il n'y a vraiment pas beaucoup de place dans ces avions. Je vois que je vous écrase° presque° complètement, madame. Je m'en excuse.

s'asseoir : to sit down
écraser : to crush, to squeeze,
presque : almost

LA DAME. Oh, ce n'est rien. Je n'ai pas souvent l'honneur d'être assise° à côté d'un champion mangeur de camembert, hi, hi.
LE MONSIEUR. Vous êtes trop aimable, madame.

être assis : to be seated

LA DAME. Vous ne voyagez pas en classe « affaires° » ? Ce serait° aussi plus confortable pour vous. Vous auriez° plus de place.

classe (f.) affaires : business class
ce serait : it would be (conditional form of être)
vous auriez : you would have (conditional form of avoir)

LE MONSIEUR. Trop cher°, madame. Je voyage toutes les semaines, et mon conseil° d'administration n'accepterait pas de telles° dépenses°.
LA DAME. Eh bien, je vous félicite° de votre moralité°.

cher : expensive
conseil (m.) d'aministration (f.) : board of directors
tel (m.), telle (f.) : such
dépense (f.) : expenses
féliciter : to congratulate
moralité (f.) : morality

LE MONSIEUR. Ah ! La moralité, madame ! La droiture°, la rigueur° ! Des maîtres mots, des maîtres mots ! Il en faut, pour diriger quarante-huit entreprises, croyez-moi°. Je ne peux pas me permettre° de dépenser chaque semaine le salaire° de trois ouvriers° pour un simple déplacement°.

droiture (f.) : uprightness, integrity
rigueur (f.) : strictness, rigour
croyez-moi : believe me (formal)
se permettre de + inf. : to take the liberty of doing
salaire (m.) : salary
ouvrier (m.) : worker
déplacement (m.) : trip, traveling

LA DAME. Vous avez raison. Ce serait honteux°, effectivement.
LE MONSIEUR. La rigueur, c'est aussi un défi ! Chaque jour, je veux me dépasser. Dans tous les domaines, je veux relever° des défis, pratiques ou intellectuels, professionnels ou privés.
LA DAME. Oui…

honteux : shameful

relever un défi : to rise to a challenge

LE MONSIEUR. *(Il continue avec de grands gestes.)* C'est la satisfaction du sportif qui gagne° la course°, bat° des records, franchit° de nouvelles limites. Les limites ne sont là que pour être franchies. Ce sentiment° jouissif° de grandir°, toujours grandir ! C'est se créer chaque jour à nouveau.

gagner : to win
course (f.) : race
battre un record : to break a record
franchir : to cross, to break through
sentiment (m.) : feeling
jouissif : great
grandir : to grow, to expand

LA DAME. C'est pour cela que je suis fière de ma fille. Elle s'est battue° pour réaliser son projet. Et partir loin, en pays étranger, ce n'est pas facile.

LE MONSIEUR. Mais vous pourriez° penser que « se dépasser » et « grandir » signifie : écraser les autres, piétiner° les plus faibles°, jouer des coudes°, franchir les limites de la morale ! Eh bien, pas du tout !

LA DAME. Non ! Pas du tout ! Je ne le pense pas du tout !

se battre : to fight
vous pourriez : you could (conditional form of pouvoir)
piétiner : to trample, to crush underfoot
faible : weak
jouer des coudes : to elbow one's way through

LE MONSIEUR. Ce serait immoral ! Et ça, madame, il n'en est pas question°.

LA DAME. Ah, non ! Pas question.

LE MONSIEUR. « Grandir » et « se créer » signifient aussi résister à certaines tentations°, comme, par exemple, la tentation de voyager en classe « affaires ».

il n'en est pas question : no way, out of the question
tentation (f.) : temptation

LA DAME. Je suis parfaitement d'accord avec vous. Ma fille aurait pu évincer° d'une pichenette° la précédente rédactrice en chef, sa rivale°. Eh bien, non ! Au lieu° de cela, elle en a fait sa meilleure collaboratrice° ! Rivales au premier abord°, elles ont constaté°, en y regardant de plus près°, qu'elles se complétaient° merveilleusement.

évincer : to oust
pichenette (f.) : flick (of finger)
rival (m.), rivale (f.) : rival
au lieu de : instead of
collaborateur (m.), collaboratrice (f.) : colleague, coworker
au premier abord : at first glance
constater : to notice, to observe
de plus près : more closely
se compléter : to complement one another

LE MONSIEUR. Exactement ! C'est exactement ce que je veux dire. Être fort, c'est aussi savoir se priver° de plaisirs égoïstes°. *(Tout à coup°, il y a des secousses° dans l'avion.)*

LA DAME. Oh ! Oh ! Qu'est-ce que c'est ? Nous allons tomber° ?

se priver : to go without, to do without
égoïste : selfish, egoistic
tout à coup : suddenly
secousse (f.) : jerk, tremor
tomber : to fall (down)

LE MONSIEUR. Ne vous inquiétez pas, madame. C'est ce qu'on appelle des turbulences°. L'avion traverse° quelques nuages°.

LA DAME. Nous n'allons pas nous écraser°, n'est-ce pas ?

LE MONSIEUR. Non, n'ayez pas peur. Il y a toujours quelques turbulences au-dessus de l'Atlantique. Mais ce n'est pas grave°. Appuyez-vous° sur mon bras, si cela peut vous rassurer.

turbulence (f.) : turbulence
traverser : to cross, to go through
nuage (m.) : cloud
s'écraser : to crash
grave : serious
s'appuyer : to rest, to lean (here : imperative form, polite)

LA DAME. Merci… C'est vraiment affreux°, ces turbulences.
LE MONSIEUR. Comme vous dites.
LA DAME. Et cela va durer longtemps ?
LE MONSIEUR. Non. Généralement, cela ne dure pas. Tout au plus° deux ou trois minutes.
LA DAME. Je crois que je vais dormir un peu, maintenant. Je me sens° un peu faible et fatiguée.

affreux : awful
tout au plus : at the most
se sentir : to feel

LE MONSIEUR. Tenez, Air France met à votre disposition ce masque° en tissu°. *(Il tend° un petit nécessaire° de voyage à la dame.)* Vous serez plus tranquille pour dormir.
LA DAME. Merci. Elles pensent à tout, ces compagnies° aériennes. C'est vraiment fabuleux. Vous n'utilisez pas le vôtre°, par hasard° ?
LE MONSIEUR. Non.

masque (m.) : mask
tissu (m.) : fabric
tendre : to hand, to hold out, to offer
nécessaire (m.) : bag, kit
compagnie (f.) aérienne : airline
le vôtre : yours
par hasard (m.) : by chance

LA DAME. Je peux l'avoir ? Je donnerai ces deux masques à mes petits-enfants. Ils seront ravis° de jouer à colin-maillard° avec.
LE MONSIEUR. Mais absolument ! Tenez. *(Il donne son masque en tissu à la dame.)* Prenez, je vous en prie. Il y a aussi des bouchons° d'oreilles. Regardez, dans ce petit sachet°.

ravi : delighted, pleased
colin-maillard : blind man's bluff
bouchon (m.) d'oreilles : earplug
sachet (m.) : small bag

LA DAME. Oui ! C'est vraiment très pratique… *(Elle déballe° ses bouchons d'oreilles.)* Vous allez utiliser les vôtres ?

LE MONSIEUR. Euh… Non, certainement pas. Je ne dors jamais dans les avions.

LA DAME. Je peux les avoir ? Ils me seront° très utiles à la maison. Mon mari ronfle° beaucoup.

LE MONSIEUR. Mais absolument ! Tenez ! *(Il donne ses bouchons d'oreilles à la dame.)*

déballer : to unpack, to unwrap
ils seront : they will be (future form of être)
ronfler : to snore

LA DAME. Merci. Ce serait dommage de les jeter°, n'est-ce pas ? J'aime mieux° les récupérer°. Je crois que je vais dormir pour le reste du voyage. *(Elle met le masque sur ses yeux et se tait° pendant quelques minutes. Puis elle ajoute sans retirer° son masque :)* Vous me promettez° que vous deviendrez gardien de zoo ?

jeter : to throw away
aimer mieux : to prefer
récupérer : to salvage, to save
se taire : to be quiet
retirer : take off, to remove
promettre : to promise

LE MONSIEUR. Ah ! Ah ! Oui, si vous me promettez d'ouvrir enfin votre salon de thé.

LA DAME. Oh ! Oh ! Ah, ça ! Oh, oh, oh !

LE MONSIEUR. Je serai votre premier client. Une bonne tasse de thé « earl grey » et des petits fours° sur un plateau d'argent, s'il-vous plaît !

LA DAME. Alors, c'est d'accord. Chiche° ! Bonne nuit !

LE MONSIEUR. Bonne nuit !

petit four (m.) : petit four
chiche ! : I dare you ! I bet you !

Émilie

C'est une petite fille. Ou plutôt° une jeune fille, car° elle a dix-sept ans. Je l'ai connue au lycée°, l'année du bac°. Nous étions dans la même classe. Nous prenions aussi le bus ensemble. Mais nous ne nous parlions pas. J'étais trop timide. Elle aussi était très timide. Je ne sais même° pas si elle savait que j'existais. Tellement° rêveuse°, je crois qu'elle ne me voyait pas.

plutôt : rather, instead
car : for, because
lycée (m.) : high school
bac (m.) : baccalauréat (school-leaving certificate)
même pas : not even
tellement : so, so much
rêveuse : dreamy

Je passais° une grande partie de mon temps à l'observer. Elle m'intriguait°. J'étais fasciné par son air° lointain° et mélancolique. Et puis – je dois le dire – j'étais un peu amoureux°... Très amoureux.

passer : to spend
intriguer : to intrigue, to puzzle
air (m.) : appearance, look
lointain : distant, faraway
amoureux : in love

C'est une très jolie fille : un visage° d'ange°, des cheveux blonds, attachés° en queue° de cheval. Tous les matins, elle attend le bus pour aller au lycée. D'autres lycéens sont là aussi que je connais et que je ne connais pas. Et moi, j'attends avec eux°, comme tous les jours, à sept heures quarante, le bus de sept heures quarante-cinq.

visage (m.) : face
ange (m.) : angel
attaché : tied back
queue (f.) de cheval (m.) : ponytail
avec eux : with them

Debout°, elle reste un peu à l'écart°, son cartable° posé entre ses chaussures. Quand le bus arrive, elle s'assoit° et regarde le paysage. Elle contemple°, sans vraiment les voir, les quartiers résidentiels, les champs° de céréales, les monotones bâtiments° industriels, et enfin les blocs de verre et de béton° de la ville neuve. Quand nous arrivons dans la cour° du lycée, je retrouve mes copains. Émilie, elle, n'a pas d'amis.

debout : standing
à l'écart (m.) : apart, away
cartable (m.) : school bag
s'asseoir : to sit down
contempler : to contemplate, to gaze at
champ (m.) : field
bâtiment (m.) : building
béton (m.) : concrete
cour (f.) : courtyard, playground

Elle s'assoit sur un banc, ouvre° un livre et lit. Quand la première sonnerie° annonce° le début° des cours, les élèves, garçons et filles, se pressent° dans les couloirs°. Des groupes se forment devant les portes des salles de classe. Tout le monde° attend l'arrivée des professeurs.

ouvrir : to open
sonnerie (f.) : ringing, bell
annoncer : to announce
début (m.) : beginning, start

se presser : to crowd
couloir (m.) : corridor, passage
tout le monde (m.) : everyone

Adossée° au mur°, les mains dans les poches° de son manteau, Émilie attend patiemment et observe plus qu'elle ne participe. Pierre et Nicolas discutent° un exercice de maths. Camille et Odile parlent de leur cours de violon au conservatoire°, et Aude et Marie s'amusent au souvenir° d'une fête d'anniversaire. Moi, je révise° mon cours ou discute avec des copains.

adossé à : leant with one's back against
mur (m.) : wall
poche (f.) : pocket
discuter : to talk, to discuss
conservatoire (m.) : école de musique (music academy)
au souvenir (m.) de : when remembering
réviser : to revise, to review

Du coin° de l'œil°, j'observe Émilie. L'étrange, l'énigmatique, la silencieuse Émilie. Parfois, je la surprends° en train° de regarder David, un garçon blond au visage doux. Et si jamais° le regard du garçon croise° le sien°, elle baisse° les yeux très vite. Pour moi, c'est un coup° au cœur°. Émilie ne me regarde jamais comme ça.

coin (m.) : corner
œil (m.) : eye (pl. : les yeux)
surprendre : to discover, to perceive
en train de : in the process of
en train de regarder : looking at, watching
si jamais : if ever
croiser le regard (m.) : to catch someone's eye
le sien (m.) : hers, his
baisser les yeux : to look down
coup (m.) : shock
cœur (m.) : heart

Enfin, le professeur arrive et ouvre la porte. Émilie s'assoit à côté de Charlotte.

Toujours au dernier rang°, Charlotte est la plus solitaire et la plus effacée° des créatures. Elles se disent bonjour, échangent quelques mots. Je sais qu'Émilie se sent° bien avec Charlotte. En quelque sorte°, elles se ressemblent°. Deux êtres° solitaires et un peu perdus trouvent ensemble un peu de réconfort°.

rang (m.) : row, line
effacé : self-effacing
se sentir : to feel
en quelque sorte : somewhat, in a way
se ressembler : to be/look alike
être (m.) : being
réconfort (m.) : comfort, reassurance

Pendant la récréation°, la plupart des élèves vont dans la cour ou discutent à la cafétéria. Émilie va à la bibliothèque. Je la suis° comme un voleur°, sans me faire° remarquer. Dans ce lieu° calme et solitaire, elle se sent bien, elle est à son aise°. Elle se promène lentement, lit le titre des livres, le nom des auteurs.

récréation (f.) : recess, break
suivre : to follow
voleur (m.) : thief, robber
se faire remarquer : to attract attention, get yourself noticed
lieu (m.) : place
être à son aise : to feel easy, to feel comfortable

Elle choisit un ouvrage° et en° feuillette° les pages, debout entre les étagères° qui la protègent des regards. Parfois, elle reste longtemps absorbée° dans sa lecture. Je reste° caché° et fais semblant° de lire.

ouvrage (m.) : book
en (pronoun) : of it
feuilleter : to leaf through
étagère (f.) : shelf
absorbé : engrossed, immersed
rester : to stay, to remain
caché : hidden
faire semblant de + inf. : to pretend to

J'observe sa fragile silhouette entre les rayons°. J'essaie° de distinguer la couverture des livres qu'elle choisit : Arthur Rimbaud°, Pierre Loti°, Victor Hugo°… Parfois, certaines lectures la bouleversent°, je le vois sur son visage et j'en suis ému°. J'aimerais tellement partager° tout cela avec elle. Mais ma timidité me paralyse.

rayon (m.) : bookshelf
essayer de : to try, to attempt
Arthur Rimbaud : French poet (1854-1891)
Pierre Loti : French novelist (1850-1923)
Victor Hugo : French poet and novelist (1802-1885)
bouleverser : to overwhelm, to upset
ému : moved, touched
partager : to share

Pendant la pause du déjeuner, la bibliothèque est fermée. Je joue aux cartes avec des camarades. Et souvent, Émilie joue avec nous. Du moins°, pendant une courte° période. Sa voix° douce est toujours couverte° par les éclats° de rire des autres camarades, et personne ne fait attention à elle. Je crois qu'elle s'ennuie°.

du moins : at least
court : short
voix (f.) : voice
couvert : drowned out (sound)
éclat (m.) de rire : burst of laughter
s'ennuyer : to be bored

Au fil° des semaines, sa présence avec nous est de plus en plus rare°. Il me semble° que je suis le seul° à le remarquer°.

au fil de : in the course of
rare : rare, infrequent
sembler à qqn : to seem to sb
le seul : the only one
remarquer : to notice

Un jour, à la fin d'un cours, je passe près d'elle pour sortir de la salle de classe. J'ai soudain envie° de lui parler mais j'ai le trac°. Irrité par ma propre hésitation, l'envie me prend de la bousculer°, de la secouer°, de la sortir de cette sorte de léthargie, de rêve éveillé° où elle vit°.

avoir envie de : to feel like
trac (m.) : stage fright, butterflies
bousculer : to push, to give a prod
secouer : to shake up
rêve éveillé (m.) : waking dream
vivre : to live

Alors, sur un ton° moqueur° que je n'ai pas voulu, j'évoque° le printemps, le soleil, le chant des oiseaux... Après tout, elle aime la poésie ! Elle me regarde, d'abord° surprise, puis° me répond ironiquement : « Oh, oui ! Les petits oiseaux, les petites fleurs, c'est vraiment très mignon° ! »

ton (m.) : tone, way of speaking
moqueur : mocking
évoquer : to evoke, to mention
d'abord : at first, firstly
puis : then, afterwards
mignon : sweet, cute

Elle me regarde avec dédain°, comme le plus stupide des êtres humains, et elle n'a peut-être pas tort°. Je m'éloigne° sans plus dire un mot. J'ai honte°, je regrette ma maladresse°. Maintenant, je suis sûr qu'elle me déteste. Comment rattraper° un jour cette catastrophe ?

dédain (m.) : disdain, scorn
avoit tort (m.) : to be wrong
s'éloigner : to move away, to go away
avoir honte (f.) : to be ashamed
maladresse (f.) : clumsiness, blunder
rattraper : to make up for

Le midi, elle déjeune avec Laure au restaurant du lycée. Je n'ai jamais vraiment compris l'attirance° d'Émilie pour cette fille. Laure est énergique, un brin° autoritaire, franche° et directe. Mais c'est peut-être cela, justement, qui attire la délicate et mélancolique Émilie. Laure, c'est vrai, a quelque chose de protecteur°.

attirance (f.) : attraction
un brin : a touch, a little bit
franc (f. : franche) : frank, straightforward
protecteur : protective

À table, elles discutent joyeusement°, même si° Émilie me donne plutôt l'impression d'avoir du mal° à prendre sa place. Finalement, je ne suis pas surpris de voir que, peu à peu°, elle prend ses distances avec Laure.

joyeusement : joyfully
même si : even if
avoir du mal à : to have difficulty in doing
peu à peu : little by little

Que s'est-il passé° ? Se sont-elles disputées° ? Je ne serais° pas étonné que Laure ait° un peu bousculé, comme moi, sa fragile amie.

que s'est-il passé ? : what happened ?
se disputer : to quarrel
je serais : I would be (conditional of être)
qu'elle ait : subjunctive of avoir

Les mois passent, et je m'aperçois° qu'Émilie ne va plus déjeuner au restaurant du lycée. Maintenant, je la vois de moins en moins°. Elle ne cherche plus la compagnie de ses camarades de classe. Même Charlotte, sa trop discrète amie, ne l'intéresse plus. Au lieu de° cela, elle part seule dans la rue. Se promène-t-elle ou déjeune-t-elle ailleurs° ? Je ne sais pas. Elle laisse son cartable° dans un casier°, et s'en va°.

s'apercevoir que : to notice that, to realize that
de moins en moins : less and less
au lieu de : instead of
ailleurs : elsewhere
cartable (m.) : school bag
casier (m.) : compartment
s'en aller : to go away

Finalement, après quelques semaines, son comportement° change. Elle ne sort plus mais disparaît° souvent longtemps dans un couloir° que je ne connais pas. Aucun élève n'entre jamais par là. Seuls les professeurs vont parfois y° chercher des documents. Que fait-elle ?

comportement (m.) : behaviour
disparaître : to disappear
couloir (m.) : corridor, passage
y (pronom) : there

Je l'observe de loin, et je l'attends depuis° la table de jeu, où mes camarades me reprochent° ma distraction. Elle ne réapparaît° que° peu avant la reprise° des cours.

depuis : from
reprocher qch à qqn : to reproach sb for sth
réapparaître : to reappear, to come back
ne … que : only
reprise (f.) : resumption

Et cela se répète plusieurs fois pendant les dernières semaines de notre année scolaire. Je n'ai appris la vérité° que longtemps après, quand j'ai revu° Émilie, quinze ans plus tard.

vérité (f.) : truth
revoir : to see again, to meet again

À la fin du mois de juin, nous avons passé° les examens du bac. Puis les vacances d'été nous ont séparés. J'ai fait un voyage en Angleterre, et en septembre, je suis parti faire des études à l'université. Les années ont passé°, j'ai terminé mes études, réussi° mon diplôme de traducteur°. La passion que j'avais pour la jeune fille, je l'ai enfouie° au fond° de moi, jusqu'à l'oublier. J'ai fait de nombreux voyages, et finalement je me suis installé° à Paris. C'est là que j'ai retrouvé Émilie.

passer (un examen) : to take (an exam)
passer (temps) : to go past (time)
réussir : to succeed ; to pass (an exam)
traducteur (m.) : translator

enfouir : to bury
au fond de : at the bottom of, in the depths of
s'installer : to settle

Je vais souvent à la bibliothèque de mon arrondissement° où je fais des recherches° pour mes traductions. Un après-midi de juin, je m'assois à une table avec une pile° de livres et des documents. Devant moi : une jeune femme. Un visage angélique, les cheveux attachés sur la nuque°.

arrondissement (m.) : district
recherche (f.) : research
pile (f.) : pile
nuque (f.) : (nape of the) neck

Je la reconnais immédiatement. Son expression ne reflète° plus la mélancolie d'autrefois. Au contraire, elle semble sereine° et confiante°. Elle feuillette° un livre et prend des notes au stylo dans un cahier°.

refléter : to reflect
serein : calm, serene
confiant : confident
feuilleter : to leaf through
cahier (m.) : notebook

« Émilie ? » dis-je avec un peu d'hésitation. Elle lève° des yeux étonnés et me regarde quelques instants sans comprendre. Pour l'aider, je dis encore :

« Vincent, nous étions ensemble au lycée…

— Vincent ? Ça alors ! Comment vas-tu ? Qu'est-ce que tu fais ici ?

— Je vais bien… Je fais des recherches pour mon travail… Et toi ? Qu'est-ce que tu fais ? »

lever : to raise

Elle explique qu'elle travaille dans la recherche historique et culturelle.

Puis, ne trouvant plus quoi dire, nous nous regardons, à la fois° amusés et embarrassés. Nous reprenons° nos travaux, chacun de son côté°. Mais il m'est difficile de me concentrer. Mes pensées°, mes souvenirs, tourbillonnent° dans ma tête°.

à la fois : at once
reprendre : to begin again, to continue
chacun de son côté (m.) : individually
pensée (f.) : thought
tourbillonner : to whirl, to swirl (around)
tête (f.) : head

Après quelques minutes, je dis : « Émilie, je voudrais m'excuser de mes méchantes° paroles°, à l'époque. J'ai été très bête°. » D'abord surprise, elle semble réfléchir, puis répond avec un rire joyeux :

« Je m'en souviens° très bien ! Je t'ai détesté… Mais je ne t'en veux° plus. Et puis… j'ai très mal réagi°. J'ai été méchante aussi, je crois.

— Je n'ai réussi° à te parler qu'une fois, et ça n'a pas été un succès… »

méchant : mean, unkind
parole (f.) : word
bête : stupid, foolish
se souvenir de : to remember
en vouloir à qqn : to bear a grudge against sb
réagir : to react
réussir : to succeed

Elle sourit, et à nouveau nous nous taisons°. Dans le silence de la grande salle°, il n'est pas autorisé de bavarder°.

se taire : to be quiet
salle (f.) : room, hall
bavarder : to chatter

Je ne peux pas croire à cette rencontre miraculeuse ! Émilie, que j'ai aimée, observée si longtemps en secret, est maintenant là, devant moi… Malgré° ces quinze années d'intervalle°, j'ai l'impression de la connaître depuis° toujours. Je me sens° bien avec elle.

malgré : in spite of
intervalle (m.) : gap, period of time
depuis : since
se sentir : to feel

Je termine mon travail, et bientôt il est temps pour moi de rentrer°. Je rassemble° mes affaires° et je me lève. Au moment de prendre congé°, j'hésite. J'aimerais la revoir, mais je ne sais pas comment le dire. L'inviter au café du coin° ?

rentrer : to return home
rassembler : to gather
affaires (f. pl.) : belongings
prendre congé : to take leave
du coin (m.) : local, from around here

Je bafouille° quelques mots, mais je suis tellement maladroit° que, finalement, je me contente° d'un simple : « À bientôt ! » Décidément°, ma timidité ne m'a jamais rendu° service.

bafouiller : to stammer
maladroit : clumsy
se contenter de : to make do with
décidément : truly, really
rendre service (à qqn) : to be advantageous fo sb

Nous allons être de nouveau° séparés. Combien d'années encore vais-je attendre avant de la revoir ? Mais le destin°, cette fois, ne me fait° attendre qu'une minute. Car°, au moment où je descends le perron° de la bibliothèque, Émilie me rattrape° et m'appelle :

de nouveau : again, once again
destin (m.) : fate, destiny
faire attendre : to keep waiting
car : for, because
perron (m.) : (front) steps
rattraper : to catch up with

« Vincent, dit-elle, j'ai terminé mon travail. Nous pouvons faire quelques pas° ensemble, si tu veux. » Je me retourne° et la regarde. Quand elle parle, elle a toujours ses yeux de petite fille…

pas (m.) : step
se retourner : to turn around

Émilie… Un prénom qui résonne° en moi comme la plus douce des musiques. Je la connais depuis si longtemps. J'ai souffert° avec elle, sans qu'elle s'en° doute°, de son adolescence. Nous avons aujourd'hui le double des années que nous avions alors. Comme elle a changé depuis le lycée ! Aujourd'hui, c'est une jeune femme épanouie° et radieuse°.

résonner : to resonate, to resound
souffrir (de) : to suffer (from)
en (pronom) : of it (literally)
se douter de : to suspect
épanoui : in full bloom
radieux : radiant

Dans le café où nous nous sommes installés après une promenade dans le parc, nous ne voyons pas le temps passer. Je découvre° avec étonnement° que nous avons beaucoup de choses à nous dire concernant° nos souvenirs, le présent et l'avenir°.

découvrir : to discover, to find out
étonnement (m.) : surprise, astonishment
concernant : regarding
avenir (m.) : future

Elle me raconte° qu'elle a étudié plusieurs années en Amérique du sud, qu'elle est passionnée de culture inca, et qu'elle prépare un dossier° sur les applications° des métiers° incas en Europe. Aujourd'hui, elle est chercheuse° à la faculté d'histoire.

raconter : to tell
dossier (m.) : file, dossier
application (f.) : application, practicing
métier (m.) : job, skill, profession, craft
chercheur (m.), chercheuse (f.) : researcher

Elle fait aussi de la musique et de la peinture, et elle adore les chevaux. C'est un moment merveilleux que je n'oublierai° jamais. Un de ces moments de complicité° rare, où l'entente° entre° deux êtres° est parfaite.

oublier (here future tense) : to forget
complicité (f.) : complicity, bond
entente (f.) : harmony, understanding
entre : between
être (m.) : being

Avec un peu d'hésitation, et sur le ton° de la plaisanterie° pour me donner de l'assurance°, je lui avoue° mon ancien amour. J'évoque le garçon timide que j'étais et qui la suivait° constamment du regard. « Je comprends que tu ne m'aies° jamais remarqué°. David était tellement plus beau que moi ! »

ton (m.) : tone, way of speaking
plaisanterie (f.) : joke
assurance (f.) : confidence, self-confidence
avouer : admit, to confess
suivre du regard : to keep watching
tu aies : subjunctive tense of avoir
remarquer : to notice

Elle rit et répond qu'elle ne m'a jamais remarqué, effectivement°, parce qu'elle vivait coupée° du monde, peureuse°, timide et persuadée° que personne ne l'aimait. Je lui demande comment elle a pu changer autant° et devenir cette personne rayonnante° que j'ai aujourd'hui sous les yeux.

effectivement : indeed, in fact
coupé du monde : cut off from the rest of the world
peureux : fearful
persuadé : convinced
autant : so much
rayonnant : radiant

Elle m'explique qu'avec le temps, elle a surmonté° ses peurs°.

surmonter : to overcome
peur (f.) : fear

« J'ai décidé que je n'aurai plus jamais° peur de rien, dit-elle. Ma seule peur est de perdre° ma liberté. »

plus jamais : never again
perdre : to loose

À la fin, le serveur du café est obligé° de nous mettre à la porte°, et nous sortons joyeusement. Il est tard, il fait nuit. Je la raccompagne° chez elle à pied°.

obligé de : forced to
mettre à la porte : to throw out
raccompagner qqn : to take sb back home
à pied : on foot

Elle habite assez° loin, mais la promenade sous la lumière° des réverbères°, dans les rues calmes de Paris, à une saison où la température est si agréable le soir, est un enchantement°. Bien sûr, j'aurai° demain deux fois plus de travail, mais je viens° de vivre° l'un des plus beaux après-midi de ma vie.

assez : rather
lumière (f.) : light
réverbère (m.) : streetlamp
enchantement (m.) : delight
j'aurai : future tense of avoir
venir de + inf. : to have just
vivre : to live through, to experience

Je la regarde rentrer, fermer la porte derrière elle. Et dès lors°, je sais que je ne voudrais plus être séparé d'elle. Comment les choses peuvent-elles se passer° si° naturellement maintenant, alors que tout s'annonçait° si mal quand nous étions plus jeunes ?

dès lors : from then on
se passer : to take place, to happen
si : so
s'annoncer : to promise to be

Aujourd'hui, nous vivons ensemble. Comme pour rattraper le temps perdu, je la serre° dans mes bras° tous les jours. Chaque jour, je lui dis que je l'aime. Mais il y a une question que je me pose° encore°.

serrer : to press
bras (m.) : arm
se poser une question : to ask oneself a question
encore : still

Que s'est-il passé autrefois, dans le couloir où elle disparaissait si longtemps ? Une angoisse° me serre le cœur° quand j'y° pense. Un jour, le moment arrive de lui poser cette question.

« Je ne peux pas te répondre, répond-elle. C'est du passé, c'est fini, c'est oublié. Je ne suis plus la même personne.

— Vraiment ? Tu ne veux pas me le dire ?

— Non. »

angoisse (f.) : anxiety, fear
cœur (m.) : heart
y (pronom) : of it (because of « penser à »)

Un long silence s'installe, pendant lequel je lutte° contre° mon anxiété. Mais finalement, après une longue hésitation, elle dit : « J'ai du mal° à en° parler. Mais je peux peut-être l'écrire… »

lutter : to struggle
contre : against
avoir du mal à + inf. : to have difficulty in doing
en (pronom) : about it (because of « parler de »)

Quelques semaines passent sans que nous en reparlions°, et un jour, alors que j'avais déjà renoncé° à connaître la vérité, Émilie me tend° une lettre : « Tu la liras° ce soir, avant° de dormir… »

reparler de : to discuss again
renoncer à : to give up
tendre : to hand
tu liras : future tense of lire
avant de + inf. : before doing

J'ai donc appris son histoire, sous la forme d'une fable° ou comptine°. Assis dans le lit à côté d'elle, j'ouvre la lettre, avec appréhension° d'abord, mais de plus en plus rassuré au fil de ma lecture :

fable (f.) : fable
comptine (f.) : nursery rhyme
appréhension (f.) : apprehension

Il était une fois° une petite fille
Qui avait si peur du regard d'autrui°,
Qu'elle se cachait dans un placard° vide°
Pour lire en paix° ses auteurs favoris.

il était une fois : once upon a time
autrui : others
placard (m.) : cupboard
vide : empty
en paix : in peace

Cherchant protection dans la solitude,
Liberté dans des rêves° d'aventures°,
Elle trouvait sous la lampe électrique
Du réconfort° chez Rimbaud et Loti.

rêve (m.) : dream
aventure (f.) : adventure
réconfort (m.) : reassurance, comfort

Vers le centième° jour, elle voit arriver,
Dans l'obscurité un lutin° blasé°,
Qui lui dit : « Voilà un drôle° d'endroit°,
Pour lire et goûter les auteurs françois°.

centième : hundredth
lutin (m.) : imp, goblin
blasé : blasé, jaded
drôle de : funny, strange
endroit (m.) : place, spot
françois : old for "français"

« "Demain dès l'aube"°, le "Dormeur du Val"°
Sont impropres° à remonter° le moral.
Un bon repas chaud dans ton estomac
Serait° beaucoup mieux, oui, crois-moi°, crois-moi ! »

Demain dès l'aube : one of French writer Victor Hugo's more famous poems
le Dormeur du Val : one of French poet Arthur Rimbaud's more famous poems
impropre à : unsuited to
remonter le moral : to cheer up, to invigorate
serait : would be (conditional of être)
crois-moi ! : believe me ! (imperative of croire)

Effrayée°, tremblante°, la petite dit :
« Je vais bien comme ça. Va-t'en°, je t'en prie°.
Solitaire, rêveuse de tempérament,
Personne ne comprend qui je suis vraiment.

effrayé : scared
tremblant : trembling, shaking
va-t-en ! : go away ! (imperative of "s'en aller")
je t'en prie (informal) : please

Les autres, méchants°, se moquent° de moi.
Ils font comme si° je n'existais pas.
Rester invisible, c'est pour moi bien mieux°
Que de supporter° les jugements° curieux. »

méchant : naughty, bad
se moquer de : make fun of
comme si : as if
bien mieux : much better
supporter : to bear, to endure
jugement (m.) : judgment, opinion

Le lutin sceptique répond simplement :
« On ne peut° savoir ce qu'un° autre pense.
À trop avoir peur d'ennuyer° autrui,
On rate° la chance de se faire un ami. »

on ne peut : literary for "on ne peut pas"
ce que : what (the thing that)

ennuyer : to annoy, to bore
rater : to miss (a chance, a train, etc.)

La petite, têtue°, alors se tait°.
Elle préfère ici la sécurité.
Le lutin, déçu°, maintenant disparaît,
En disant : « Tant pis°, j'aurai essayé°. »

têtu : stubborn
se taire : to be quiet
déçu : disappointed
tant pis : so be it
j'aurai essayé : at least I tried (future perfect of "essayer")

Je pose la lettre sur mes genoux°, et dis doucement : « Tu te cachais pour lire ? » Elle sourit, mais je vois l'embarras° sur son visage. « Je me cachais pour vivre, dit-elle. J'ai tellement honte°... Je ne veux plus en parler, c'est fini. » J'éteins° la lumière°, je la serre dans mes bras, et nous restons ainsi, longtemps, sans parler.

genou (m.) : knee
embarras (m.) : embarrassment, discomfort
avoir honte (f.) : to be ashamed
éteindre : to turn off
lumière (f.) : light

VOCABULAIRE

A

au premier abord : *at first glance*
d'abord : *at first, firstly*
absorbé : *engrossed, immersed*
être d'accord avec qqn : *to agree with sb*
adossé à : *leant with one's back against*
affaires (f. pl.) : *belongings*
affreux : *awful*
aider : *to help*
ailleurs : *elsewhere*
aimable : *kind*
aimer mieux : *to prefer*
ainsi : *in that way*
air (m.) : *appearance, look*
être à son aise : *to feel easy, to feel comfortable*
ajouter : *to add*
aller voir qqn : *to visit sb*
allez-y ! : *go ahead !*
s'en aller : *to go away*
améliorer : *to ameliorate, to improve*
amoureux : *in love*
anévrisme (m.) : *aneurysm*
ange (m.) : *angel*
angoisse (f.) : *anxiety, fear*
annoncer : *to announce*
s'annoncer : *to promise to be*
antioxydant (m.) : *antioxidant*
anxiogène (m.) : *anxiogenic*
s'apercevoir de : *to notice, to become aware of*
s'apercevoir que : *to notice that, to realize that*
avoir un appétit d'oiseau : *to eat like a bird*
application (f.) : *application, practicing*
apporter : *to bring*
appréhension (f.) : *apprehension*
approcher : *to come near, to get nearer*
s'appuyer : *to rest, to lean*
argent (m.) : *silver*
arrêter : *to stop*
arrière (m.) : *back, rear*
arriver à qqn : *to happen to sb, to occur to sb*
arrondissement (m.) : *district*
s'asseoir : *to sit down*
assez : *enough ; rather*
être assis : *to be seated*
assister à : *to attend*
assurance (f.) : *confidence, self-confidence*
attaché : *tied back (hair)*
attacher : *to fasten (belt)*
attirance (f.) : *attraction*
attraper : *to catch*
j'aurai : *I will have (future form of avoir)*
j'aurais : *I would have (conditional form of avoir)*

vous auriez : *you would have (conditional form of* ***avoir)***
vous auriez été : *you would have been (past conditional* ***form of être)***
autant : *so much*
autre chose (f.) : *something else*
autrement : *otherwise ; differently*
autrui : *others, other people*
avaler : *to swallow*
avant de + inf. : *before doing*
avec eux : *with them*
avenir (m.) : *future*
aventure (f.) : *adventure*
avoir un appétit d'oiseau : *to eat like a bird*
avouer : *admit, to confess*

B

bac (m.) : *baccalauréat (school-leaving* ***certificate)***
bafouiller : *to stammer*
baisser les yeux : *to look down*
bâtiment (m.) : *building*
battre : *to beat*
battre un record : *to break a record*
se battre : *to fight*
bavarder : *to chatter*
bête (f.) : *animal, creature*
bête (adj.) : *stupid, foolish*
béton (m.) : *concrete*
bien mieux : *much better*
bien sûr : *of course*
blasé : *blasé, jaded*
bœuf (m.) : *bullock, ox ; beef*
bon vivant (m.) : *bon vivant*
bouchon (m.) d'oreilles : *earplug*
boucle (f.) : *buckle*
bouleverser : *to overwhelm, to upset*
bousculer : *to push, to give a prod*
bout (m.) : *end, tip*
bouton (m.) : *button, switch*
bras (m.) : *arm*
bref : *in short*
un brin : *a touch, little bit*
but (m.) : *aim, goal*

C

caché : *hidden*
cahier (m.) : *notebook*
car : *for, because*
cartable (m.) : *school bag*
casier (m.) : *compartment*
se casser : *to break*
ce que : *what (the thing that)*
ceinture (f.) : *belt*
centième : *hundredth*
chacun de son côté (m.) : *individually*
chair (f.) : *flesh*
champ (m.) : *field*
avoir de la chance : *to be lucky*
chaque : *each*
chariot (m.) : *cart, wagon*
chef (m.) d'entreprise : *company manager*
cheminée (f.) : *chimney*
cher : *expensive*
chercheur (m.), chercheuse (f.) : *researcher*
la bonne chère (f.) : *good food*
chiche ! : *I dare you ! I bet you !*
ciblé : *targeted*
claque (f.) : *slap, smack*
classe (f.) affaires : *business class*
climatisation (f.) : *air-conditioning*
cœur (m.) : *heart*
coin (m.) : *corner*
du coin (m.) : *local, from around here*
coincé : *stuck, jammed*
colin-maillard : *blind man's bluff*
collaborateur (m.), collaboratrice (f.) : *colleague, coworker ; partner,* ***associate***

comme si : *as if*
compagnie (f.) aérienne : *airline*
se compléter : *to complement one another*
complicité (f.) : *complicity, bond*
comportement (m.) : *behaviour*
comptine (f.) : *nursery rhyme*
concernant : *regarding*
concours (m.) : *competition, contest*
conduire à : *to lead to*
faire confiance (f.) à qqn : *to trust sb*
confiant : *confident*
prendre congé : *to take leave*
conseil (m.) : *(piece of) advice, recommendation*
conseil (m.) d'aministration (f.) : *board of directors*
conservatoire (m.) : *école de musique (music academy)*
constater : *to notice, to observe*
contempler : *to contemplate, to gaze at*
se contenter de : *to make do with*
contre : *against*
coquet : *charming*
de ce côté : *on this side*
jouer des coudes : *to elbow one's way through*
couloir (m.) : *corridor, passage*
coup (m.) : *shock*
coupé du monde : *cut off from the rest of the world*
cour (f.) : *courtyard, playground*
course (f.) : *race*
court : *short*
couvert : *drowned out (sound)*
couverture (f.) : *blanket*
croiser le regard (m.) : *to catch someone's eye*
crois-moi ! : *believe me ! (imperative of croire, informal)*
croyez-moi : *believe me (formal)*
cuillère (f.) : *spoon*

D

de plus près : *more closely*
de quoi s'agit-il ? : *what is it about ?*
de toute façon : *in any case, anyway*
déballer : *to unpack, to unwrap*
débarrasser : *to clear*
debout : *standing*
début (m.) : *beginning, start*
décidément : *truly, really*
décoller : *to take off*
découvrir : *to discover, to find out*
déçu : *disappointed*
dédain (m.) : *disdain, scorn*
défi (m.) : *challenge*
relever un défi : *to rise to a challenge*
délicatesse (f.) : *delicacy*
se dépasser : *to surpass oneself*
dépense (f.) : *expenses*
déplacement (m.) : *trip, traveling*
depuis : *from ; since*
dès lors : *from then on*
dès que : *as soon as*
destin (m.) : *fate, destiny*
dévorer : *to devour, to eat up*
mon Dieu ! : *my Goodness !*
on dirait : *one might say (conditional form of dire)*
dirigeant (m.) : *manager*
discuter : *to talk, to discuss*
disparaître : *to disappear ; to die out*
dispersé : *scattered*
se disputer : *to quarrel*
doctorat (m.) : *doctorate*
doigt (m.) : *finger*
c'est dommage : *that's a pity*
le Dormeur du Val : *one of French poet Arthur Rimbaud's more famous poems*
dossier (m.) : *file, dossier*

se douter de : *to suspect*
se dresser : *to arise, to rise*
droiture (f.) : *uprightness, integrity*
drôle : *funny*
drôle de : *funny, strange*
durer : *to last*

E

à l'écart (m.) : *apart, away*
éclat (m.) de rire : *burst of laughter*
écraser : *to crush, to squeeze ; to run over*
s'écraser : *to crash*
s'écrouler : *to collapse*
effacé : *self-effacing*
effectivement : *indeed, in fact*
effectuer : *to carry out, to complete*
effrayant : *frightening*
effrayé : *scared*
égoïste : *selfish, egoistic*
s'éloigner : *to move away, to go away*
embarras (m.) : *embarrassment, discomfort*
embêter : *to bother*
ému : *moved, touched*
en (pronom) : *about it ; of it*
s'en aller : *to go away*
enchantement (m.) : *delight*
encore : *still*
endroit (m.) : *place, spot*
enfouir : *to bury*
engin (m.) : *device, gadget*
ennuyer : *to annoy, to bore*
s'ennuyer : *to be bored*
entente (f.) : *harmony, understanding*
entrailles (f. pl.) : *entrails, innards*
entre : *between*
avoir envie de : *to feel like*
épanoui : *in full bloom*
épouser : *to marry*
espèce (f.) : *species*
essayer de : *to try, to attempt*
étagère (f.) : *shelf*
éteindre : *to turn off*
éthique (f.) : *ethics*
étonnement (m.) : *surprise, astonishment*
être (m.) : *being*
évincer : *to oust*
éviter : *to avoid*
évoquer : *to evoke, to mention*
exploser : *to explode*

F

fable (f.) : *fable*
fabriquer : *to make, to manufacture*
de toute façon : *in any case, anyway*
faible : *weak ; small ; low*
faillir : *to almost do, to nearly do*
faire + infinitif : *to let (sb) do*
farine (f.) : *flour*
félicitation (f.) : *congratulation*
féliciter : *to congratulate*
prendre feu : *to catch fire*
feuilleter : *to leaf through*
fichu : *rotten, awful*
fier (m.), fière (f.) : *proud*
au fil de : *in the course of*
de fil en aiguille : *one thing leading to another*
fin (f.) : *end*
flatteur : *flattering*
flûte ! : *drat !*
à la fois : *at once*
il était une fois : *once upon a time*
foncez ! : *go for it !*
fond (m.) : *bottom ; root, heart*
au fond de : *at the bottom of, in the depths of*
force (f.) : *strength*
petit four (m.) : *petit four*

***franc (f. :** franche) :* *frank, straightforward, open*
franchir : *to cross, to break through*
frapper : *to hit*

G

gagner : *to win*
garder : *to keep, to save*
gardien (m.) : *caretaker, attendant*
genou (m.) : *knee*
genre (m.) de : *kind, sort, type of*
geste (m.) : *gesture, movement*
gorgée (f.) : *mouthful*
grandir : *to grow, to expand*
gratuit : *free*
grave : *serious*
griller un feu rouge : *to go through a red light*

H

avoir l'habitude (f.) : *to be used to*
par hasard (m.) : *by chance*
honneur aux dames : *ladies first*
avoir honte (f.) : *to be ashamed*
honteux : *shameful*
hublot (m.) : *porthole, window (in plane)*
Victor Hugo : *French poet and novelist (1802-1885)*

I

il était une fois : *once upon a time*
impropre à : *unsuited to*
inciter qqn à : *to encourage sb to*
infarctus (m.) : *heart attack*
inouï : *incredible*
ne vous inquiétez pas : *don't worry (formal)*
insecticide (m.) : *insecticide*
insignifiant : *unimportant, trivial*
s'installer : *to settle*
intervalle (m.) : *gap, period of time*
intriguer : *to intrigue, to puzzle*
ça ira : *that will be fine (future tense of aller)*
ivrogne (m.) : *drunkard*

J

plus jamais : *never again*
jeter : *to throw away*
jouer des coudes : *to elbow one's way through*
jouissif : *great*
joyeusement : *joyfully*
joyeux : *joyful, happy*
jugement (m.) : *judgment, opinion*
justement : *precisely*

L

là-bas : *over there*
là-haut : *up there*
laisser tomber : *to give up, to drop*
largement : *greatly, by far*
largement suffisant : *more than enough*
larme (f.) : *tear*
lever : *to raise*
se lever : *to get up, to stand up*
lieu (m.) : *place*
au lieu de : *instead of*
lointain : *distant, faraway*
Pierre Loti : *French novelist (1850-1923)*
lourd : *heavy*
lumière (f.) : *light*
lutin (m.) : *imp, goblin*
lutter : *to struggle*
lycée (m.) : *high school*

M

main (f.) : *hand*
maître (adj.) : *main, key*
maîtrise (f.) : *master's degree*
avoir du mal à + inf. : *to have difficulty in doing*
faire du mal à : *to harm, to hurt*
mal élevé : *ill-mannered, rude*
mal placé pour : *ill-placed, not in a position to*
maladie (f.) : *disease*
maladresse (f.) : *clumsiness, blunder*
maladroit : *clumsy*
malgré : *in spite of*
malheureusement : *unfortunately*
manier : *to handle, to use*
manquer de qch : *to be short of sth*
masque (m.) : *mask*
mazette ! : *my goodness !*
méchant : *mean, unkind ; naughty, bad*
même pas : *not even*
même si : *even if*
menthe (f.) : *mint*
menton (m.) : *chin*
métier (m.) : *job, skill, profession, craft*
bien mieux : *much better*
mignon : *sweet, cute*
mode (f.) : *fashion*
au moins : *at least*
de moins en moins : *less and less*
du moins : *at least*
moitié (f.) : *half*
tout le monde (m.) : *everyone*
montagne (f.) : *mountain*
montrer : *to show*
se moquer de : *make fun of*
moqueur :mocking
remonter le moral : *to cheer up, to invigorate*
faire la morale à qqn : *to lecture sb*
moralité (f.) : *morality*
mouche (f.) : *fly*
mur (m.) : *wall*

N

n'est-ce pas ? : *isn't it ?*
nappe (f.) : *tablecloth*
natal : *native*
petite nature (f.) : *sensitive person*
ne ... que : *only*
nécessaire (m.) : *bag, kit*
non plus : *neither*
nuage (m.) : *cloud*
nuisible (m.) : *pest (parasite)*
nuisible à : *harmful, damaging to*
à nouveau : *again, once again*
de nouveau : *again, once again*
nul : *nil, nonexistent*
nuque (f.) : *(nape of the) neck*

O

obligé de : *forced to*
occuper : *to occupy*
s'occuper de : *to deal with, to take charge of*
œil (m. ; pl. : *les yeux)* ***:*** *eye*
j'offrirais : *I would offer (conditional form of offrir)*
otarie (f.) : *sea lion*
oublier : *to forget*
ouvrage (m.) : *book*
ouvrier (m.) : *worker*
ouvrir : *to open ; to unlock*
s'ouvrir : *to open*

P

en paix : *in peace*
paperasse (f.) : *paperwork, papers*
paraître : *to seem, to look*
paraître à qqn : *to seem to sb*
parcours (m.) : *career*

parole (f.) : *word*
partager : *to share*
partout : *everywhere*
pas (m.) : *step*
pas du tout : *not at all*
passer (temps) : *to go past (time)*
passer (un examen) : *to take (an exam)*
passer : *to get through ; to spend (time)*
se passer : *to take place, to happen*
qu'est-ce qui se passe ? : *what is the matter ?*
que s'est-il passé ? : *what happened ?*
pauvre : *poor*
pays (m.) : *country*
pensée (f.) : *thought*
pensif : *thoughtful, thinking*
perdre : *to loose*
perdre de vue : *to lose sight of*
se permettre de + inf. : *to take the liberty of doing*
perron (m.) : *(front) steps*
persuadé : *convinced*
peser ses mots : *to weigh one's words*
peu à peu : *little by little*
peur (f.) : *fear*
avoir peur : *to be afraid*
faire peur à qqn : *to frighten sb*
peureux : *fearful*
pichenette (f.) : *flick (of finger)*
à pied : *on foot*
piétiner : *to trample, to crush underfoot*
pile (f.) : *pile*
piston (m.) : *string pulling*
placard (m.) : *cupboard*
plaire à qqn : *to please, to delight sb*
plaisanter : *to joke*
plaisanterie (f.) : *joke*
plaisir (m.) : *pleasure*
planter : *to stick, to plant*
plateau (m.) : *tray*
plus jamais : *never again*
plutôt : *rather, instead*
poche (f.) : *pocket*
poitrine (f.) : *chest*
poltron (m.), poltronne (f.) : *coward*
mettre à la porte : *to throw out*
se poser une question : *to ask oneself a question*
pouf ! : *poof !*
je pourrais : *I could (conditional form of pouvoir)*
vous pourriez : *you could (conditional form of pouvoir)*
pourtant : *however, yet*
au premier abord : *at first glance*
de plus près : *more closely*
presque : *almost*
se presser : *to crowd*
prier : *to beg*
je t'en prie : *please (informal)*
je vous en prie : *please (formal)*
se priver : *to go without, to do without*
profiter de : *to enjoy, to make the most of*
promettre : *to promise*
propre : *own, proper*
protecteur : *protective*
protéger : *to protect*
puis : *then, afterwards*

Q

qu'est-ce qui se passe ? : *what is the matter ?*
que s'est-il passé ? : *what happened ?*
quelque part : *somewhere*
il n'en est pas question : *no way, out of the question*
queue (f.) de cheval (m.) : *ponytail*
puisse : *subjunctive form of pouvoir*

de quoi s'agit-il ? : *what is it about ?*

R

raccompagner qqn : *to take sb back home*
raconter : *to tell*
radieux : *radiant*
raison (f.) : *reason*
avoir raison : *to be right*
rang (m.) : *row, line*
rapprocher : *to bring closer*
rare : *rare, infrequent*
rassembler : *to gather*
rassuré : *reassured*
rater : *to miss (a chance, a train, etc.)*
rattraper : *to catch up with ; to make up for*
ravi : *delighted, pleased*
rayon (m.) : *bookshelf*
rayonnant : *radiant*
réagir : *to react*
réapparaître : *to reappear, to come back*
recherche (f.) : *research*
réconfort (m.) : *comfort, reassurance*
récréation (f.) : *recess, break*
reculer devant : *to shrink from, to step back*
récupérer : *to salvage, to save*
rédacteur (m.), rédactrice (f.) : *editor*
se redresser : *to sit up (straight)*
réfléchir : *to reflect, to think*
refléter : *to reflect, to display*
relever un défi : *to rise to a challenge*
remarquer : *to notice*
se faire remarquer : *to attract attention, get oneself* ***noticed***
remonter le moral : *to cheer up, to invigorate*
rendre service (m.) à qqn : *to do sb. a service/favour*
renoncer à : *to give up*
rentrer : *to return home*
reparler de : *to discuss again*
reprendre : *to begin again, to continue*
reprise (f.) : *resumption*
reprocher qch à qqn : *to reproach sb for sth*
résonner : *to resonate, to resound*
se ressembler : *to be/look alike*
rester : *to stay, to remain*
retirer : *take off, to remove*
se retourner : *to turn around*
réussir : *to succeed ; to pass (an exam)*
rêve (m.) : *dream*
rêve éveillé (m.) : *waking dream*
revenir : *to come back*
revenir à : *to return to, to go back to*
rêver : *to dream*
réverbère (m.) : *streetlamp*
rêveur (m.), rêveuse (f.) : *dreamy*
réviser : *to revise, to review*
revoir : *to see again, to meet again*
rhume (m.) : *cold*
rideau (m.) : *curtain*
rigueur (f.) : *strictness, rigour*
Arthur Rimbaud : *French poet (1854-1891)*
rival (m.), rivale (f.) : *rival*
ronfler : *to snore*

S

sachet (m.) : *small bag*
saisir : *to grab*
salaire (m.) : *salary*
salle (f.) : *room, hall*
salon (m.) de thé (m.) : *tea room, tea house*
sans doute : *probably*
sapristi ! : *heavens !*

sauver : *to rescue, to save*
secouer : *to shake ; to shake up*
au secours ! : *help !*
secousse (f.) : *jerk, tremor*
faire semblant de + inf. : *to pretend to*
sembler à qqn : *to seem to sb*
séminaire (m.) : *seminar*
sentiment (m.) : *feeling*
se sentir : *to feel*
je serais : *I would be (conditional of être)*
ce serait : *it would be (conditional form of être)*
il serait : *he would be (conditional form of être)*
serein : *calm, serene*
vous serez : *you will be (future form of être)*
ils/elles seront : *they will be (future form of être)*
serrer : *to press*
rendre service (m.) à qqn : *to do sb. a service/favour*
servir : *to serve*
servir à : *to be used for, to serve a purpose*
le seul, la seule : *the only (adj.) ; the only one*
si (adv.) : *yes (used to contradict a negative* ***statement or question)***
si : *so*
si jamais : *if ever*
le sien (m.) : *hers, his*
siroter : *to sip*
sol (m.) : *ground*
sommet (m.) : *summit, top*
sonnerie (f.) : *ringing, bell*
en quelque sorte : *somewhat, in a way*
soudain : *suddenly*
souffrir (de) : *to suffer (from)*
soulever : *to lift, to raise*
au souvenir (m.) de : *when remembering*
se souvenir de : *to remember*
stage (m.) : *training period, internship*
suffire : *to be enough*
largement suffisant : *more than enough*
suivant : *next*
suivre : *to follow*
suivre du regard : *to keep watching*
supporter : *to bear, to endure*
surmonter : *to overcome*
surprendre : *to discover, to perceive*

T

tâche (f.) : *task, job*
se taire : *to be quiet*
tant pis : *too bad*
en tant que : *as*
tard : *late*
tel (m.), telle (f.) : *such*
tellement : *so, so much*
tellement de : *so many*
tendre : *to hand, to hold out, to offer*
tenez ! : *here you are (imperative form of tenir -to hold-, polite)*
tenir : *to hold*
tentation (f.) : *temptation*
tête (f.) : *head*
tête en l'air : *scatterbrain*
la tête me tourne : *I feel dizzy*
têtu : *stubborn*
tilleul (m.) : *linden*
tique (f.) : *tick (insect)*
tirer : *to pull*
tisane (f.) : *herbal tea*
tissu (m.) : *fabric*
tomber : *to fall (down)*
laisser tomber : *to give up, to drop*

ton (m.) : *tone, way of speaking*
avoit tort (m.) : *to be wrong*
tourbillonner : *to whirl, to swirl (around)*
tout à coup : *suddenly*
tout au plus : *at the most*
tout le monde (m.) : *everyone*
trac (m.) : *stage fright, butterflies*
traducteur (m.) : *translator*
trafiquer : *to doctor, to fiddle*
en train de : *in the process of*
traverser : *to cross, to go through*
tremblant : *trembling, shaking*
trop : *too*
trophée (m.) : *trophy*
turbulence (f.) : *turbulence*

V

va-t-en ! : *go away ! (imperative of "s'en aller", informal)*
vénéneux : *poisonous*
venir de + inf. : *to have just*
vérité (f.) : *truth*
verveine (f.) : *verbena*
veuillez : *please (imperative form of vouloir, polite)*
vide : *empty*
vie (f.) : *life*
la vie (f.) quotidienne : *everyday life*
visage (m.) : *face*
vivre : *to live ; to livethrough, to experience*
voie (f.) : *way, course*
aller voir qqn : *to visit sb*
voix (f.) : *voice*
vol (m.) : *flight*
voleur (m.) : *thief, robber*
à volonté : *at will ; unlimited, as much as I want*
le vôtre : *yours*
en vouloir à qqn : *to bear a grudge against sb*
vouloir dire : *to mean*
voyons ! : *come on ! (imperative form of voir)*

Y

y (pronom) : *there ; of it*

Other easy stories by Sylvie Lainé :

Le Pendentif, ISBN : 9782370610126
*Le Pendentif, **Past tense**, ISBN : 9782370610164*
Voyage en France, ISBN : 9782370610072
Voyage à Marseille, ISBN : 9782370610201
French Easy Stories, 10 Topics from Everyday Life, ISBN : 9782370610348

Notes

Notes

Notes

Notes

Notes

Notes

Printed in Great Britain
by Amazon

50459772R00041